Quebrada luz / El muro transparente   Manuel Rico

MANUEL RICO

Foto: *Pablo Moreno*

OLIFANTE / EDICIONES DE POESÍA

www.olifante.com

Ediciones de Poesía

Manuel Rico

Quebrada luz
y
El muro transparente

OLIFANTE
Ediciones de Poesía

Olifante. Ediciones de Poesía, fundada y dirigida desde 1979
por Trinidad Ruiz Marcellán
Segunda época

Edición conmemorativa del XLV Aniversario
de la creación de OLIFANTE. Ediciones de Poesía

Quebrada luz / El muro transparente
de Manuel Rico

Quebrada luz apareció, en primera edición, en 1997, en la colección Esquío. El Ferrol. Le fue otorgado el Premio Esquío 1996 de poesía en castellano. El jurado estuvo compuesto por José Hierro, Francisca Aguirre y Julia Uceda.

El muro transparente se publicó, en primera edición, en 1992, en Ediciones Libertarias. Madrid.

Cualquier forma de reproducción, distribución, comunicación pública o transformación de esta obra solo puede ser realizada con la autorización de sus titulares, salvo excepción prevista por la ley. Diríjase a CEDRO (Centro Español de Derechos Reprográficos, www.cedro.org) si necesita fotocopiar o escanear algún fragmento de esta obra

© de la presente edición: OLIFANTE. Ediciones de Poesía
Editado por OLIFANTE. Ediciones de Poesía
Diseño gráfico: Vicente Pascual
© Logotipo: Ricardo Calero
© Manuel Rico
© de la fotografía: Pablo Moreno
© de la solapa: VV.AA.

I.S.B.N.: 978-84-128661-6-2
Depósito Legal: Z 1071-2024
Impreso en España por
COMETA, S.A. Carretera de Castellón, km 3,400. 50013 Zaragoza

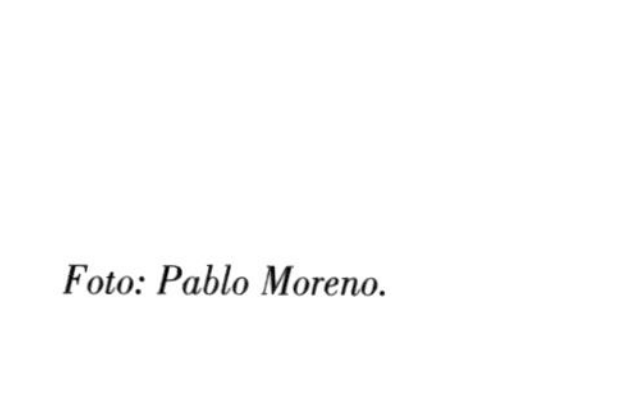

Foto: Pablo Moreno.

Justificación (o casi)

En los años noventa del pasado siglo, ya escribía poesía con un convencimiento: todo poema es una construcción de la lengua que tiene que revelarnos algo no siempre definible, transmitirnos un temblor misterioso, añadir emoción a nuestra vida. Pero también, pensaba, debía aportar sentido al acercarse a la realidad que nos rodea, casi siempre insatisfactoria. La mirada del poeta hacia el mundo habría de estar dotada de un sustrato de conciencia crítica. Esa mezcla ha presidido, desde entonces (casi desde mi primer libro, en el remoto 1980) todo cuanto he escrito. Palabra reveladora y conciencia crítica. Esa difícil dialéctica recorre los dos libros que componen el presente volumen. Ordenados en orden inverso a la fecha en que aparecieron, es decir, el volumen se abre con el teóricamente más maduro, *Quebrada luz*, publicado en 1997, y concluye con el que, de algún modo, abrió la puerta a la reflexión sobre el propio poema y sus vínculos con el mundo y con la memoria, *El muro transparente*, que apareció en 1992. Creo que son dos libros decisivos en mi trayectoria como poeta que, sin embargo, quedaron opacados en aquellos años. La razón básica fue su coincidencia con la publicación, en esa década, de dos novelas, *El lento adiós de los tranvías* (1992) y *Una mirada oblicua* (1995), que tuvieron una importante proyección pública y contribuyeron a reducir la atención de crítica y lectores hacia ambos poemarios. Si hubo otras razones, no tengo conciencia de ello.

Publicar ambos libros en un solo volumen tiene la lógica que corresponde a dos secuencias de un mismo impulso ético y estético, de una misma obsesión por hacer de la poesía tierra de reflexión en torno a sus capacidades para explicar las zonas no visibles o solo esbozadas de la realidad. Dos libros en los que los interrogantes existenciales, el significado de la luz o de la transparencia en sus capacidades para iluminar el mundo y rastrear la memoria y la cotidianidad se pusieron en juego. Creo que el lector de hoy encontrará en sus poemas preguntas y apuntes de respuestas que, tres décadas después de la primera edición de ambos libros, tienen plena actualidad. He revisado lo imprescindible, he corregido algunos términos y limado algún exceso verbal. Nada más.

Agradezco a Trinidad Ruiz Marcellán su hospitalidad en Olifante, y no dejo de expresar mi gratitud en la distancia a dos poetas: Antonio Martínez Sarrión, fallecido hace algo más de dos años, que presentó y avaló *El muro transparente* en Madrid un día de primavera de 1992, año olímpico y barcelonés, y a Julia Uceda recordando la tarde otoñal en que *Quebrada luz*, premiado con el Esquío de 1996, fue presentado en la ciudad de Lugo tras darlo a conocer en un Madrid no menos otoñal. En la calle, diluviaba: un diluvio imborrable.

Un honor que este doble libro, que dedico a la memoria de Jesús Bárez, inicie su andadura en un comienzo de agosto de 2024, en la ciudad de Soria, corazón de la Red de Ciudades Machadianas y de Expoesía, dos iniciativas culturales que, con entusiasmo, promovió y amó.

Manuel Rico

A Jesús Bárez,
el amigo, el profesor, el mago de
Expoesía y de los agostos de Soria.

In memoriam

Quebrada luz
1996

La luz es como una araña.
Se arrastra sobre el agua.
Se arrastra sobre los bordes de la nieve.

Wallace Stevens

Preámbulo

UN HOMBRE avanza contra el cielo. Observa
la luz que tiñe el horizonte. Tiene
su moribunda claridad el tono
cárdeno o gris de todos los inviernos.

En esa luz de muerte un niño tiembla.
Y un joven conocido se dibuja
más acá de las nubes, mancha el aire.
Tiene miedo a las sombras.

Huele a musgo y a niebla y a hojarasca.
Él bien sabe que en la ciega trastienda
de la luz, en la noche que amenaza,
encontrará un refugio para el sueño.

Y soñará la luz que ha claudicado.
Y en la turbia conciencia de las sombras
verá crecer cuanto veló el olvido
regresando a la casa de otros días.

Volverán los sabores que hace tiempo
buscaron el amparo de la nada
y pasillos antiguos, mal tapiados,
recibirán de nuevo al visitante.

Será luz la palabra, solo ella
salvará la memoria. Y ese incendio
dará luz a las cosas que no existen:
un mundo sorprendido por la llama.

DONDE ASOMA la tarde: en la ventana.
O en el vaso de *whisky*, en ese engaño
que te aguarda en la mesa o te vigila.

En la piel que es temblor cuando los dedos
tocan las signos de la edad, tantean
territorios ocultos. En la ropa
tendida al sol que alguna vez fue tuya.

En la arena de agosto. En una playa
descubierta en Pavese aquel verano
de fiebres y lecturas. En la calle
del barrio que ya no nos espera.

En la lengua cortada en aquel tiempo
de la niebla. En la hora más triste, herida
de domingos. En los ojos del padre,
sembrados de hospitales y de muerte.

Siempre acecha esa luz que no prescribe.

I

Quebrada luz

NUNCA FUE intacta, pura.
Fue un claroscuro, una ciudad mellada,
una botella a medias, unos ojos abiertos
contemplando la muerte,
un recodo del parque, sus bancos sometidos
por viejos y memoria.
                                        Llama iluminadora
de la sangre o la nieve, lupa
que te deforma,
luz que se prostituye, incierta luz
quebrada por la vida.

La luz tiene la noche
en su reverso. El diamante,
la densidad del luto o la antracita.
Y en tus ojos,
bañados todavía por luz adolescente,
la claridad de todos los otoños, el desierto
de los días difíciles
juega a la oscuridad, te enseña
esos dientes de niebla
de un animal que bien conoces:
el viejo mensajero
de la desolación o la derrota.

La luz partida
por lo no perdurable.

Contradictorio espacio,
lámpara coja, territorio
de lo ya conocido, lecho turbio
donde la duda tiembla y duele la palabra.

La luz que enciende de improviso
imágenes deformes, trampas
que nos hicieron.
                                        En la luz, la vida.
Las ciudades, las hebras
del tabaco que salva, las murallas
destruidas.

Pero la luz quebrada
es el lado imperfecto, la frontera
donde acecha la sombra
que tal vez nos consuele sin saberlo.

En su ruptura alientan
tardes que no se olvidan:
la ventana a la plaza
donde te descubriste
huésped de un mundo extraño.
Era la juventud y era
el tiempo sin conciencia
de la degradación.

O la pasión que por tu espalda
creció en mi mano entre los claustros
de aquella Salamanca
por la luz hecha exceso
en su piedra y tu noche.

Oh lugares vividos
que nos hicieron siervos
de la quebrada luz, atardeceres
que nos trocaron en amantes
de su lento descenso
hacia el violeta que anticipa
el rostro de la noche,
dura estación de paso
hacia la misma luz y hacia el origen
de una nueva derrota, un nuevo quiebro,
siempre la luz haciendo de las suyas.

INDECISOS NOS hace. Nos revela, a la larga,
como somos: dementes o suicidas
que buscamos
la mortandad pequeña, la que oculta
la palabra inventada, el juego peligroso
que es tan solo disfraz,
patrimonio o reverso
de esa luz
que a traición nos enciende, nos deforma o nos forma,
nos deja a la intemperie
cuando no lo esperamos.
                                        Tal vez nos salve
su parcial condición,
su derrota anunciada
cuando el día desciende al túnel de las sombras
y buscamos el hueco
del coñac y la pipa,
de la historia en precario
que un verso constituye, fiel rescoldo
de lo que fuera luz momentos antes,
intensa luz al fin
quebrada en el poema.

II
Versiones

TORMENTA

Hace temblar el viento las tejas de la casa.
La luz se tiñe del gris de las tormentas.
Como las nervaduras
de una noche en la infancia, como antiguos
fantasmas o esqueletos, signo acaso
de una historia que es mía y que es de todos,
se voltean las ramas de los fresnos,
nos sorprende su danza
de sombras espectrales en el patio.

Invade nuestra casa un olor a humedad, a tierra ajada,
a pétalos marchitos, a hierba que fermenta.

Llora el viento a lo lejos. Una queja de siglos
deja su huella insomne por los campos.
Y la lluvia desciende racheada.
Humedece la luz y te recluye
en esta oscuridad de la deshora
que detrás del cristal y junto al fuego
te regresa a aquel miedo
que en los ojos del niño que siempre va contigo
otras veces dejaron tormentas como esta,
fragmentos de la noche que negaban la luz
asomando, de pronto, como naves de frío y de zozobra,
en el cielo asombrado de las cumbres al norte.

LUZ DE LAS AFUERAS

Luz
que no fue nunca luz. Que no será tampoco
claridad. Sucia luz, papel de estraza
que, como un gris celaje, se despliega
por la espesura sin voz de las ciudades
cuando la tarde muere
y el invierno se extiende por sus frías tabernas,
en ese claroscuro
que llaman extrarradio.

En los ojos se amansa
esa luz que es huida y menoscabo,
que no es presencia o devoción, que es solo
testimonio o memoria
de una existencia antigua y desterrada.

NOVIEMBRE Y RAMA

Desnuda rama donde
noviembre nos enseña
el envés de la flor, la negación del fruto.
Rama bajo la lluvia.
Rama cuando el otoño y sus destellos glaucos.
Rama que no florece. Como la soledad, desnuda.

Esa visión de paso de la rama
en la plaza vencida por milenarias lluvias,
en el árbol mojado, ni memoria de pájaros siquiera,
en la ciudad envilecida,
crece en los ojos ocultos por la sombra
de un caminante perdido en los andrajos
que nos mira, sin vernos, a través de la niebla.

Lejos, en esa acera que al otro lado habita
–inmensamente lejos
de la intemperie, del noviembre desnudo,
de la ciudad envilecida–,
junto a la falsa claridad donde los elegidos,
se disponen palabras, la voz se distribuye
y busca las estatuas,
el hielo de la noche, la savia sin historia.

Pero en los ojos turbios del caminante
la soledad, bajo la rama, tiene
otras oscilaciones.

Bebió coñac su oscuro propietario
hasta el último aliento para negar el frío.
Y ahora, cuando noviembre llueve sobre la plaza,
sobre la sola rama que es memoria de pájaro,
sobre el árbol del que la rama surge,
en la ciudad intransitable,
el caminante, absorto, nos contempla
quizá con el deseo
de que su desnudez nos aniquile
y nuestra vestimenta le dé vida.

MURALLA

Advierto la noticia que tiembla en la muralla.
No es la noticia ni la voz del agua. No es tampoco
la sombra de la encina, ni la nube, ni el aire. Es
la mirada del hombre, la voz del hombre ante las ruinas
de una infancia perdida en la maleza.
¿Por qué es en la muralla
donde tiembla, fugaz, y duele siempre?
¿Por qué crece en el símbolo
de la separación, del escindido sueño que la muralla expresa?

Soñé los labios jóvenes, soñé la luna, supe
del amor y sus marcas
antes que la muralla indicara la noche, dejara en sus almenas
la luz de la derrota, la poderosa
desolación de la derrota.
                                        En el atardecer, su sombra
sembraba mi ciudad de huecos y silencio, se extendía
por bares y estaciones, me dejaba
la amargura de las horas perdidas, de los besos
tapiados para siempre
por sus piedras de tiempo.
                                        A veces, cuando el aire
azota la muralla,
como viejos disfraces, acampan en tu cuarto
restos de lo que duerme entre sus piedras:
una tarde sin horas
a la puerta de un bar donde esperabas

a aquellos contertulios de la noche
tintada de ginebra y de relatos nacidos en las calles
de la ciudad sin horas que fue tuya.

Nada de lo que habita
en esta luz de piedra, en este lado que es presente,
tiene la propiedad de aquellas noches de ceniza y de llama,
nada es equiparable al entusiasmo que hacía de las horas
medidas sin valor y de los labios
territorio sin fin y de la copa
fragua de lucidez y de los barrios
conocidos a tumbos ensenadas
donde ardía la voz más poderosa.

Mas la muralla fue haciéndose en sigilo.
Iba dejando atrás la fiebre y la inconsciencia, iba
cuarteándonos.
                    Y en este amanecer, cuando el espejo
revelaba en mi rostro huellas inconfesables,
la he descubierto al fondo: entre los frascos
de colonias antiguas, más allá de las cosas
que en silencio me hablaban del acá, del lado transitable,
estaba la muralla, la que ofició el entierro
de una ciudad visible tan solo entre las ruinas.

NOTICIA DEL SUR

Yo sé que el sur alienta en la palabra.
Sé que es un arco, tenso como la noche. Vive
de incógnito en la médula
de la ciudad que nunca será nuestra.
Y es como si en la luz que nos habita
latiera un hondo sur que siempre huye.

He soñado su claridad
bajo la espesa latitud del humo.
En tu cuerpo mordido, en la rapiña
que, en parte, delata nuestra mirada.
Ese sur de tus ojos que nunca fue ceniza sino mar callado.
Esa extensión que no dibujo porque nací en la noche
de una ciudad ingrata.

Sur de las factorías. El que, sin luz, respira
junto a las autopistas su soledad incierta.

Sur que se sueña en nuestro propio sueño.
Que tiene la densidad del óxido
y la frágil presencia del deseo más viejo.
Que tiene barcas, y es desierto, y es selva.
Y es esa isla que nunca alcanzaremos.
Un sueño de taberna que la taberna niega.

Fue luz en la memoria o espacio imaginado,
mas nunca posesión: tal vez fue trampa.

Viaja a veces el sur en automóvil.
Vedlo. Huye hacia el mar. Dos jóvenes lo llevan.
En sus ojos habita el sur lejano,
el que niega la sombra y resplandece
en el mural que nos anuncia
paraísos de sal junto a la carretera.

Llegó a los dormitorios,
se apropió de la noche, creció en los desperdicios
que la ciudad dejó en sus viejas calles,
en las zonas umbrías
donde escarban los gatos.

En el fondo sin ojos de la última copa.

LUZ EXTINGUIDA

Anduve, no sé por cuánto tiempo,
habitando la dimensión oblicua
donde la luz declina y nos traiciona.

Fueron años de luz desactivada por el miedo,
de inversa luz, de compartida soledad,
de luz de piedra.
                                        Ni la rosa más pura, ni el mar hacia la tarde,
ni el pétalo de abril, ni el árbol ni su sombra,
ni la espiga.
                    Nos hurtaron
la luz, dejaron a la puerta
su empuje jubiloso, su carga o su milagro,
su realidad sin mancha.

Era gris el dominio que ocupamos. Incierto territorio
de viejas gabardinas y sonrisas ajadas, de pasos inseguros
y palabras a medias.
                                        El humo
extendía su gasa
de miedo y desconcierto sobre las factorías
y en el ojo tejía su red y su emboscada
la ciudad industrial, la tierra promisoria
que alguna vez soñamos.

Al humo acostumbramos la voz y la mirada.
Eran años de tinta,
de oculta podredumbre, de deseos sin límite.

Sabedlo hoy, muchachas de cristal
nacidas en la luz, en su extensión sin niebla y en sus calles
altas de claridad y de palabra,
hechas como el domingo para el sueño.

¡Qué ciudad la vuestra tan distinta
de la que vio el declive sin tregua de la luz,
de la que fue obligada
a contemplar la vieja claridad
hundida en el silencio de todas las derrotas!

HOPPER

Es una carretera solitaria. Un cable del telégrafo
poblado de vencejos. Una casa que, quizá, abandonaron
no hace mucho sus dueños. Un surtidor inútil, vencido por
el polvo.
Un fugaz automóvil, el silencio.

La luz es amarilla. Como el trigo segado no hace mucho,
sus cabellos gastados al fin se desvanecen contra un cielo
donde el abismo alienta.
Hierve el asfalto. Mensajes
invisibles
de fugaces neumáticos
crecen sobre el silencio.
Es una carretera prendida al amarillo
de un sueño sin memoria.

Cruza el águila el aire
y la luz, con sigilo, lo retiene.
En la casa, como fruto del tiempo
detenido, tal vez llegando del fondo de los siglos,
se pinta en la ventana la silueta sin rostro
de un fantasma. Ha surgido de pronto. Es como si
el tiempo
ocupara un lugar al mediodía, un borroso lugar
hecho a la soledad y hecho al silencio que, terco, amarillea
la luz.
No existimos o solo en el reflejo

de la llanura, del cable del telégrafo, del fugaz automóvil
o de la casa dejada
a merced del fantasma sin rostro por sus dueños
junto a una carretera
perdida en un lugar desconocido.

Pero es la soledad un universo. También el amarillo
de la luz aquietada, lo negro del asfalto
que hierve, el vuelo hecho sigilo del águila o la dura
desolación de julio.
                                    ¿Por qué la escena aturde?
¿Por qué el miedo nos deja
su barniz, su desastre?
                                        ¿Por qué, sobre la claridad, se impone
la callada amenaza del vacío, el asedio
de las cosas perdidas, la urdimbre gris del miedo,
su trampa inabarcable?

Es como si en el aire
jamás la noche se anunciase, como
si solo nos marcara
la extensa longitud que sobrecoge, como
si solo el horizonte, con su color de teja, y el desierto
–un surtidor de polvo,
una casa vacía y un fantasma
detrás de los cristales–, fueran el aposento
de la pasión por detener las horas
que es el arte.

CIUDADES

¿Por qué nos llega
de gris estremecida
la luz que poseímos? ¿Por qué no avisa
y aventa en la habitación las sombras del presente y nos propone
un pacto con aromas
olvidados, olores que regresan
de armarios familiares que ya no conocemos,
que tan solo perviven
en el amargo olor de naftalina
o en la ternura enferma
de colonias ocultas entre ropas sin uso?

¿Han muerto las ciudades? ¿Han perdido
su poder las ciudades que habitamos, territorios de llama
de esos años sin niebla
en que era la vida
negación de la sombra?

Nos sorprenden las calles
que ya no serán nuestras
desde un tranvía imaginario: gotas
de sangre seca, huellas de neumáticos
y avenidas que fueron paseadas
con el poder que aporta la inconsciencia.

Vemos
su dispersión, sus mitos aferrados
a cansadas esquinas,
a carteles heridos por el polvo,
a paraguas de luto brillantes por la lluvia.
Casas deshabitadas, ruinas bajo la luz,
tejas con musgo
sorprendidas de paso desde un tren olvidado,
gabardinas gastadas por las horas y el agua,
vagones indecisos que llevaban la vida
prendida en un pescante gastado por el tiempo.

¿Acaso fueron nuestras esas viejas ciudades
que el ojo del presente ya no reconoce?
Con sigilo, escaparon. Tras aquella tormenta
que fue la madurez, buscaron otras tierras, dejaron solamente
su brillo en la memoria, su luz en los espejos
y un sabor a café con algo de humareda.

TU LUZ ME OBLIGA

A Esperanza, amor sobre los años.

Vengo a la soledad porque tu luz me obliga.
Una tarde, ¿recuerdas?, de mil novecientos
setenta y dos, la lluvia
te sorprendió a la puerta de la noche.
                                                            Éramos
otros: inhábiles fantasmas que creíamos
que la luz era eterna, que las calles
serían, al fin, el lugar más propicio
de los zapatos subalternos, la tierra prometida
de los que nunca tuvieron
el brillo de la historia en la mirada.
                                                            Tal vez por eso
las horas no existían, y la luz era intensa,
y, al tocarte, esa humedad antigua
de la seda más íntima, esa humedad oscura
donde la luz prohibida buscaba las esquinas
en sombra y los viejos pinares, aquellas cicatrices
de una ciudad inacabada y triste, era
la humedad que borraba la escarcha, el calor deseado
que dejaba en tu piel
un brillo de lealtad
a la luz insumisa, a aquella luz
que amansaba la voz rota de Jacques Brel,
la letra sumergida, Wilheim Reich o Erich Fromm,
leíamos a Marx y nos amábamos

con la urgencia que dicta la luz del descampado,
la ciudad lateral que nunca tuvo
otra pasión que la supervivencia,
ciudad callada entre escombreras
y barrios oficiales, ciudad nuestra y lejana,
ciudad de bares desolados de hora última.

Sí. Vengo a la soledad. Te busco en ella. Vuelve
aquella luz de habitación prestada, ¿no recuerdas
lechos fríos de amigos clandestinos?
¿No recuerdas
aquella pasión insuficiente, la delicia
a tiempo limitado de los cuerpos, el Che
Guevara en la pared mirándonos, aquella
complicidad que los mitos concedían,
la suciedad del aire
helado de tabacos y cenizas?

Vengo a la soledad desde la luz que abandonamos.
A la conciencia angosta de lo que no nos ama.

Vengo a ti, adolescente
a quien quise con esa fuerza inútil
de los veinte años, con quien bebí,
en el coñac caliente de las tardes breves,
el brebaje de todas las ciudades,
la historia toda
de nuestros precursores hechos
al tiempo de silencio y de la voz huidiza.
Tú venías
también de los días callados, venías

del lugar borroso donde la luz quebrada,
de la sumisión familiar, de la derrota.

Mi soledad es tuya, mujer de luz que sobrepasa
la veleidad de los días iguales, que asume la memoria
sin la mala conciencia que mi luz
otorga al tiempo que no vuelve.

Vengo a la soledad porque tu luz me obliga.
Afuera, llueve como aquel otoño. Huelo tu abrigo
donde aquel otoño
dejaba su luz húmeda y su aire. Huelo
todavía tu aliento de franela. Y te amo, mujer.
Desde la soledad, te amo.

MEMORIA DE BERGMAN

Alejados de la noche y del agua
que entre las sombras tiembla,
atados a la urdimbre de los cuerpos
exhaustos por el tiempo y por la lluvia,
nos amamos con esa inteligencia
que las horas vividas nos otorgan,
cifra exacta que jamás atrapamos
porque no es solo cifra, helado número,
sino turbia ensenada donde crecen
los rescoldos de tardes construidas
sobre el fulgor inolvidable
de un viejo film de Bergman.
                                        Esa cifra,
que en la piel nos extiende
quemaduras de azar o certidumbre
nos deja en el amor el poso
del bien maduro vino, en la caricia
lo añejo de la piel o la costumbre
y en la palabra el brillo opaco
de lo muy conocido.
                              Distanciados
de la noche y del agua,
cómo no descubrirnos
en la imagen que, de súbito, enciende
el temblor de otro tiempo en la pantalla.

LIENZO INACABADO

A Diego Jesús Jiménez,
pintando en la cocina.

La duda. Lo que siempre palpita
en la frágil textura de la luz, del aceite,
en el color insólito, en el aire.

La duda y el terror, ese pánico informe
ante el lienzo intocado, ante el papel sin mancha,
ante el trazo confuso, mal hecho, ante el vacío
de una tarde perdida
sintiendo la amenaza
del error y el engaño.
                    Dices bien. En el arte
hay también sufrimiento.
Es de hielo y de fuego
y es pasión o ternura, ira o voz detenidas
en el puro segundo,
en la extraña palabra, en la sorpresa
que el azar nos depara convirtiendo
la chispa en verbo, en trazo, en nota
y advertencia, en otro objeto
que ya no será nunca
la vacuidad del folio, el páramo del lienzo
intacto, acaso
perversión de lo que ya conocemos,
destello irracional, dudoso encanto,
pero arte al fin, tan frágil como el hombre.

Sí: la duda. Pereza que en el fondo
es temor al abismo
que el lápiz o el pincel, la indemne tecla,
en su interior ocultan.

Enero
desplegaba sus luces, frías como cristales,
y el café, ya en la taza,
nos llamaba a templarnos,
a descubrir sobre el manchón la tierra,
sobre el trazo inquietante
hondas vegetaciones, humo, cuestas
y olivos, piedras y silencio y duda,
rastros
de un ser universal, de un hombre frente a sí,
ante el espacio
de un viejo desafío
que late en la memoria, aguarda el acto
que lo salve y lo entregue al territorio
que, sin razón consciente, nos cautiva, nos hace
casuales propietarios del misterio.

LUZ DE CÓMODA

A la cómoda llegaba esa luz en declive como un perro manso
que destilan las horas de las tardes de invierno.
Esa luz nunca ciega donde se reconocen
las sombras infrecuentes de todos nuestros muertos
y que huele a cerrado y a pasillo nocturno
y al corazón acude a mecerlo en su niebla.

Era el cofre prohibido
que acotaba mi padre debajo de un retrato
desde el que me miraba desde la inexistencia
de sus ojos marcados, tan joven, por la muerte.

Luz de cómoda. Extraña latitud
donde la claridad se quiebra
para hacerse pereza y habitación en sombra
hundiéndose en un tiempo de parados relojes,
viejas horas que duelen como antiguos pañuelos
por la madre olvidados
entre lacas y guantes y sedas y pañuelos
para siempre varados en la luz de la muerte.

DOMINGOS

Ese fraude del aire, ese alcohol, esa
perversa claridad que nos engaña,
habla de mecedoras y de calles
en gradual rendición y no estremece
porque marcha al ocaso y es de tinta apagada,
es la luz del domingo suspendida en la tarde.

Nos acogen sus redes
en su estela de cines recién deshabitados,
de coches en huida entre calles angostas,
de bares, rendiciones, teléfonos absurdos,
inútiles quinielas y parejas besando
el último residuo de la luz del domingo.

LUZ DE MADERA

Solía ocurrir algunas tardes:
cuando la voz de tabaco suspendía en la casa
el sueño sin relojes de un padre hecho cansancio,
me llegaba esa luz insuficiente
que adquiere la madera al llenarse de tiempo.

En esa luz opaca, olorosa a barnices,
yo crecí sin saber que en los muebles de casa
florecía la noche y no solo la vida,
que la luz que otorgaba
memorias vegetales a sus vetas oscuras
hablaba de destrezas, de manos y de sueños,
trocaba los ocultos deseos de mi padre
en una realidad utilitaria.

Crecí con esa luz de infancia y de madera.
Todavía conservo
la vieja librería. Al contemplarla
sorprendo, a veces,
la herida de un fulgor. Quizá se trate
del temblor de su mano, de la antigua destreza
que se impuso a la muerte y nos vigila.

LA HOGUERA

Has llegado del campo. Comenzaba
a oler la noche, prematuras
estrellas crepitaban anunciando la noche.

Has cortado la leña que precede a la lumbre
como si en cada rama
por el rocío humedecida
habitara otra noche a la que solo
tú pertenecieras.

Y sabes que en el fuego
que en la casa te espera
renacerán las horas no del todo olvidadas
en que el amor tenía de ti las servidumbres
y la dura experiencia del olvido
tan solo era noticia perdida entre cuadernos, en gastados papeles
que hablaban de una calle
cruzada por el hombre, por su deshabitada noche,
por su silencio inabarcable.

Y has dejado, en la estancia, la leña. Has mirado
la frágil luz que anega la ventana
y has pensado, confuso,
que no es la soledad un premio, que te falta
la devoción o el canto
de la voz de los otros,
de aquellos que dejaron

de hacer suya tu noche,
aceptaron tu tregua, quizá tu rendición, acaso tu desastre.

Pero enciendes el fuego, dejas que tu mirada
se pierda entre las llamas, en esa luz dudosa
que no te pertenece, en ese espejo
donde la soledad te advierte de sus frutos helados.

Y has cerrado los ojos. Y has ido a la ventana.
En la noche exterior, cruzaban sombras. Has abierto la puerta
y has llamado a las sombras. Al volver a la casa,
la débil claridad que da la lumbre
te ha servido sus rostros indecisos,
sus ojos extrañados, la luz de las palabras.

RENDICIÓN

Donde acampa la desolación. En el gris precipicio
que la edad simboliza.
En ese territorio de estériles cosechas
que es el tiempo, la luz en nuestros ojos
pierde su intensidad, se rinde acaso.

Porque es en la mirada
donde la luz es tránsito
desde el puro destello hacia la opacidad más dura,
desde el fulgor de un día que fue nuestro
hacia el espacio en sombra
de los enmudecidos.

Luz que se desvanece.

CALLE SIN MÚSICA

Procedo de una calle que jamás tuvo música.
De la luz transitoria y de los rostros
vencidos por el óxido, calle donde la vida
era invierno, eternamente invierno y lo sabíamos.

Pero un fulgor precario alerta nos mantuvo:
en la luz que en el límite
de la calle asomaba cautelosa, pusimos la esperanza.

Oh empeño estéril sin embargo
confiar en su brillo, pensar que en sus aceras
la eternidad soñada residía, rondaba el imposible
afán de trascendencia, la longitud del árbol,
la duración del mar, el oleaje.

Antigua travesía donde fuimos infancia.
Calle como la luz,
como la voz del tiempo.
Frágil como la vida,
como el agua o la noche, como el óxido ingrata.

LUZ EN SOMBRA

Ese poder preciso
de que la luz dispone cuando surca
la noche del fracaso nos inquieta:
es como si el presente, de súbito, encontrara
ese camino en flor donde la mente
busca la claridad, la faz inversa
de una estancia sin voz
que habitaran las sombras.
                                        Mas si huye
es la niebla o la escarcha, es el eco deforme
de una voz que se eleva en el desierto
lo que vence.

Oh territorio angosto del fracaso
que toda luz revela y descompone.

NOTICIA DEL MAR

Regresaba la luz
de mar y de milagros bien provista.

Llegaba desde el aire sin límite del agua, restituyendo
aromas olvidados:
la pasión de otras siestas, las antiguas ternuras,
ecos de otra ciudad, puertos perdidos,
calles abiertas a la noche, puertas
mirando al descampado, espejos indecisos
que ponían el mundo en nuestras manos
cual fruto de un extraño sortilegio.

VERANO

Es la luz decisoria.
La que anuncia el verano.
La que desentumece, en la hora del alba, a las ciudades.
Oceánica luz
que enciende valles y riberas,
claridad que no hiere.

Así es el espejismo que en junio nos deslumbra.

Pero siempre se vuelve
al mineral origen a pesar de esa luz:
hay mensajes de sombra, pasillos que conducen
a baúles cerrados, a lugares inhóspitos
que habitan desde siglos
en la oscura trastienda
de esa luz disfrazada.

Parece decisoria. Pero miente.

ATARDECER

¡Qué claridad aguada se revela
en las torres! La tarde se recoge
como una alfombra usada sobre el valle.
La noche muestra, en el hondón del río,
su amenaza.

Sol de invierno marcado por la muerte.
Como sombras o espectros custodiando
la plaza que anochece,
los viejos. Huele a jara.
En el humo
que llega desde lejos también sueña
la tarde que se rinde.

PALABRAS

En el ajeno rostro. En la luz que en los ojos
que nunca fueron tuyos se remansa. En la luz que claudica
como un atardecer en las afueras,
en la tregua nacida en el silencio
que gravita en las calles y es de otros,
te ves envejecer, tu noche crece,
las palabras son viento innecesario.

REFUGIO DEL DÍA

Ya solo la extensión del día, solo
su condición de espacio moldeable
nos asiste en la vida.
En el día. En las horas –inventada materia– que lo nutren,
gozo o desolación, quimera o miedo,
alta baranda o tierra de suburbio,
hemos amado.
                    No se equilibra el cuerpo
sin la fibra del día, sin el ala
que protege o advierte,
hace de bruma o canta, duerme o ilumina.

Mas la noche en el día sienta plaza.
Espacio en el que vive
la sombra, la oscuridad del hombre, el sueño
desguazado del hombre, su mirada ciega, solo
salvada en las estrellas o en la luna de agosto.

Esa piedra, esa jarra –cristal o barro, ya no importa
sino la mano que dispuso el cristal, amasó el barro–,
esa flor de papel o flor que muere, esa inicial euforia
que se amansó en el tiempo,
te rodean, cantan o callan como en el hombre
el silencio o la voz, la luz o la penumbra,
sueñan bajo la cáscara del día.

NIEVE

La nieve. La sorprendida nieve
cubre tu corazón, que es como el valle.
Como el valle de enero, luz helada. Aire en suspenso
como una larga duda
temblando bajo el humo de la tarde.

Llegamos de la nieve con los años al hombro. En esta tierra,
la de la eternidad imaginada, la infancia que perdimos
tiene en la nieve su más estricta luz, su posesión,
su amanecer, su aliento.
¿Quién olvida
esa luz fría que puso a nuestro alcance la mañana
de un enero perdido en la maleza? ¿No es acaso
parte de la memoria su fría longitud, tierra sin voz
su contextura?

Crecimos con su imagen
prendida a nuestros ojos, asediando la casa,
extenso territorio al que no se retorna.
No se vuelve a su luz. Tampoco a su silencio.
No se regresa al alba
que nos mostró la nieve un viejo enero.
La manchó el tiempo.
Como barro, los días
destruyeron su luz inmaculada, esa tierra sin voz
donde muere la aurora,
se afirma la pisada, busca el lodo, las hierbas ateridas,
las cruel posesión que fue el invierno
bajo la blanca luz que recordamos.

Epílogo

ROBA LA savia de la noche, haz tuyo
el territorio donde el sueño guarda
rastros de lo que nunca fuera
algo más que letargo y pesadilla.

Su luz nos restituye viejas sendas,
estepas memorables
donde perder el tiempo y las monedas,
donde dejar el hueso a la intemperie.

Te atenaza la noche, te recluye
en la senda del sueño y la memoria,
inquietante frontera del vacío.

Pero yo niego ese vacío. Llamo
al portón de las olas que me hicieron,
entro en la casa y me reciben
antiguos desperdicios del oficio
más viejo: el que proclaman
los ojos que vulneran
la mañana, que sin piedad asaltan
tu mañana porque nadie les dijo
que la luz no era luz sin la memoria.

PORQUE HUBO un día –habita en el principio,
en ese territorio
que solo prueban cartas, juramentos,
fríos certificados– parecido
a la noche.
                    Porque hubo un instante
en el que, acaso sin quererlo, fuiste
sombra o palabra casi amanecida.
La infamia y la belleza eran parte del mundo.
En justa proporción te dieron caza.

Fuiste el invento: potencial suicida,
perro para vivir. Naciste.
                                        Solo
eso. Porque hubo un día inolvidable
–el viento era sumiso y la voz era baja
y el hombre, contra el miedo,
era un frágil estambre y en gris se sumergía
el tedio, ¿existe acaso
otro color para su infamia?,
y en gris el aire ardía y el silencio–
en que la noche alzó sus propiedades.

Decía que hubo, en mil novecientos
cincuenta y dos, un día.

El muro transparente
1992

No hay derrota que pueda
aparecer como total derrota
si el mundo que nos muestra
sigue siendo un lugar
antaño insólito.

William Carlos Williams

I

¿Era el muro y su audacia
la frontera?
¿Dónde entonces
su opacidad sin mella,
su piel indestructible, su antiguo
desafío?
¿Dónde su fin?
¿Dónde su destreza para robar mirada
a nuestros ojos?
¿Dónde la argamasa
que hizo suyos cuadernos, grapas, tizas,
enaguas y tinteros, sangre,
la palabra de William Carlos Williams
por ejemplo, los turbios pasadizos
que, allende el muro, aguardan,
por ejemplo?

II

¿Quién nos dijo que el muro
robaba el patio a la mirada, urdía
misterios y hermetismos, nos dejaba
sin el rostro de paso, sin el labio
de paso, sin el fuego
que en la noche crepita, al otro lado
de lo abarcable a ojo?

¿Acaso hay que pensarlo
en su versión de tapia
ya nunca transgredible?
                                        ¿No es el vicio
de la palabra escrita
el muro a levantar entre las sombras
y las luces, el muro
a construir entre el viajante
que hoy se cruza contigo, por ejemplo,
y su gris condición de humanidad vencida
lo que encuentra
algo más perdurable
que ese anuncio de números y fechas
que su presencia te convoca?

III

¿Quién nos dice
que un muro de palabras
oculta o desmorona
la realidad que nace
del aceite menguado o de la luz
estrecha?
              Nada más poderoso
que la laica oración con que el lenguaje
nos redescubre el mar o la nevada,
nos hace confidencias,
habla de la memoria o del diario
que nos sirve el suceso
en la frágil bandeja del presente.

Nada más atrevido
que el pulso de la letra
que nos convierte en propietarios
de la mueca o del gesto
de ese viandante oscuro,
del agua que, a veces, nos habita,
del reto no consciente que brota en las muchachas,
de su luz en mudanza, poseída
por el rostro que, a veces, contemplamos
en la calle de siempre, donde el sueño
tiene cala también y nos visita.

IV

Por eso, el muro. El de la letra amiga,
el que nos llama y, al tiempo, nos destruye,
el que araña la puerta,
no nos deja tranquilos, nos sorprende
y nos cerca y quizá nos emborrache
un segundo quizá.

V

Oh muro transparente
que a la visión ayuda:
claridad del sendero,
lupa que agranda
el poder limitado
de mi conocimiento,
que enciende la hojarasca
y en su fuego es la luz
reverso de la luz.

Oh muro transparente,
luz en la madrugada,
tacto sobre las cosas,
clave de la experiencia.

Ardid de lo besado o roto
–un tango, un rizo, acaso
la multitud sin aire–,
unión, convocatoria, empeño
para dar claridad, para dar vino,
para trenzar idioma: para dar.

Quién sabe.

Primer cuaderno
Versiones de la noche

NOCTURNO DESAFÍO

I

Cruza el viento la noche, afila
tu soledad, acude
cuando la luz se apaga,
se rinde a la memoria, se retira
de los objetos y reinventa
lo que casi olvidaste.
                                        Se apresuran
a ocupar tu mirada hacia las sombras
sendas envejecidas:
nacen en este cuarto
muros, vasares, cántaros, pizarras,
edredones, piernas enardecidas
por la vieja consigna de los dedos,
el paso asustadizo de un chiquillo,
la claridad de piedra, las campanas,
el brillo de metal de los cubiertos
de un almuerzo de antaño,
los ojos de antemuerte
de un padre hacia el abismo,
los vestidos usados, las carretas,
la fugaz devoción, aquellos guantes
de una blancura inútil en la iglesia
de una primera comunión
que nunca comprendiste.

II

Cruza el viento la noche y llegan
las horas que antes fueron
claridad del presente, alta celada
del vino de otro tiempo, de las voces
que dejaron de ser habituales
inesperadamente.
                                        Brasa o huella,
molde de un cuerpo ajeno
descubierto en el llano
de una sábana extensa, la que puso
luz a aquel ensayo
de una fiebre inicial: la edad escasa,
las manos inexpertas,
una tarde de invierno,
una cama prestada y clandestina.

III

No he de tocar la piel
si no me garantiza
la impunidad del transeúnte,
el viejo anonimato
de quien roza traición en la caricia
y busca protección a su deseo:
el cine, por ejemplo, que aún aguarda,
más allá del escombro y de la noche,
la obligada visita de los últimos
fardos del sucio amor y la vergüenza
en un barrio central,
probablemente en ruinas,

ya solo frecuentado
por la desolación de los vencidos
por el alcohol y la pobreza.

MEMORIA DEL PRIMER POEMA

Oh goce inenarrable,
hundir la mano en tus entrañas,
remover tus estrellas.
Juan Ramón Jiménez

I

La ventana a la noche, como una inmensa boca,
trasladaba en su lengua
esa mezcla de aromas
y sonidos, ese piélago
del agosto nocturno, aquel agosto
ya nunca repetido
de obligados noctámbulos
abrazando jardines, apurando la brisa
con la fresca, extendiendo
inútilmente el día
más allá del violeta del crepúsculo,
más allá de los nudos invisibles
que enlazaban
la longitud del día a punto de apagarse
con el abismo de la bruma.

II

Era la noche al otro lado
de la luz amarilla de tu lámpara, era
la cercanía de las sombras
lo que daba
un tinte clandestino a aquella pluma

que extendía su incierto desafío
tras la puerta cerrada al resto de la casa
–largo sueño diario
de los seres amados, compartido paréntesis
con relojes, armarios, alacenas–
con lentos octosílabos que hablaban
del Juan Ramón violeta
que dormía también bajo aquel techo
en un libro de tapas bien gastadas
por roces y caricias de un muchacho,
no sabes si soñado, que buscaba en sus páginas
una luz intuida y, sobre todo,
el brillo inexplicable,
la fortaleza misteriosa
del arte.
            Tú tenías
doce años tan solo
y un desván de palabras
temblando en el tintero.

III

La noche se extendía
cruzada de rumores
bajo un cielo invisible de tan negro
que cruzaban caballos desbocados, voces
desconocidas, y un calor
que dejaba las puertas, las ventanas, la muerte,
abiertas a la calle como bocas insomnes.

En la noche, escribías –presa
de aquella fiebre, rehén de todo asombro–,

torpes imitaciones,
intentabas el robo de la luz
a la palabra ajena sin acierto.
No existían las horas.
Tan solo tú y tu vicio
horadando la niebla, emborronando
cuanto papel llegaba a tus arenas.

IV

Tú y la noche y la pluma. Y el oficio
que construía métricas dudosas
donde se alzaban –imperfectos
también, titubeantes–
jardines decadentes, piedras ennoblecidas,
campos de invierno, y, sobre todo,
el corazón deshabitado
de quien nada sabía de la hoguera
que habrían de encender sus posteriores
inquilinos.
                    Doce años tan solo
era tu edad entonces.
Y asumías la luz:
sus poderes, sus naves, sus playas, sus aceites,
sus mujeres en celo, sus novias prematuras,
te manchaban de vida
a la vez que escribías raros versos
como quien se masturba
a la temprana edad en que las horas
carecen del valor y del sentido
de bien perecedero que hoy mantienen.

REENCUENTRO

¿Hacia dónde la noche, esta noche
de reencuentros casuales,
donde al rescoldo de la fiesta
nuestros ojos, cansados, se sorprenden
descubriendo la magia algo apagada
de un instante feliz y muy lejano?

Alimenta el contacto y la palabra
el *whisky* que espera en la consola,
al lado de la última
traducción de los *Cantos* de Ezra Pound,
y el aliento regresa
desde una charla interrumpida
quién sabe si en el último septiembre, aquel encuentro
a la puerta de un cine en la Gran Vía,
«muchos años sin vernos, los hijos, no salimos
apenas», y se amansa
la luz que fue destello, quizá euforia,
en los ojos
ligeramente envejecidos del reencuentro.

NOCHE Y CIUDAD

Cuando se pierde la costumbre
de hurgar entre los pliegues de la noche,
cuando la cara oculta
de la vieja ciudad que nos contuvo
a la sombra de sus piedras dormidas
deja de ser paisaje conocido,
albergue de tus pasos,
pierden toda su magia
los actos cotidianos.
                                        Cobran
el tono de lo ambiguo
hechos que fueron símbolo
del entusiasmo: aquel abrazo,
entre torpe y confuso, cuyo brillo
venía de la calle, de aquel fondo
de paredes cariadas, bendecidas
por la tinta apagada de consignas inútiles,
o el beso conquistado en un descuido,
intensa brasa por surgir de pronto
contra aquel horizonte
de parejas y vino, de madera y herrumbre,
de luz condicionante.

No era solo la noche. No era solo
su condición al margen de la luz
lo que daba esplendor a aquellos actos.
Era el reto difícil de vivirlos,

más allá de tu estancia, en un espacio
mítico: la ciudad y sus esquinas,
sus aceras besadas por tus viejos zapatos,
sus rincones de niebla, de madera y de vino.

Segundo cuaderno

PENSARTE AJENA

¿Es el miedo a la pérdida
del brillo de tus ojos
lo que aturde en la noche
mi largo duermevela,
ese angustioso pozo
que sin tu cuerpo acecha
como una marea
de ebriedad desatada
de modo involuntario?

¿Es el abismo que adivinas
ante el adiós posible
de la piel caldeada
por la sed de tus labios
lo que tanto te aturde,
lo que araña el ropaje
de tus viejos fantasmas,
lo que llena de angustia
armarios y alacenas,
relojes, libros, imperdibles, cromos
de un tiempo edificado
con clandestinidades?

Mas te salva la búsqueda
del cuerpo que mantiene
la tentación antigua,
la sal que te contuvo

al umbral o en el quicio
del estremecimiento.
Buscas en las axilas,
tocas la tierra ajena
–tan tuya sin embargo–,
la que habita en un sueño
misterioso, la que nunca
será terreno propio
salvo en la lucidez
del despertar.
                    Empaña
tus cristales la duda
que habita en los dominios
de la noche, en las esquinas
a las que nunca accede
tu mirada de amante
por no ser propietario
de la luz que ilumina
sus patios interiores,
su trastienda.

EL AZAR ESPERADO

Si, por azar, me tocas.
Si tus dedos encuentran el abismo
de mi piel cuando el último
cigarrillo del día nos ofrece
la senda de la cama,
ten la certeza de que habrás abierto
la feria del instinto,
de que el paso inmediato de mis manos
será buscar el límite,
la frontera adorada
que tu duda dispone por la ingle
hasta desbaratarte.

TINTA Y PIEL COMPLEMENTARIA

En la tinta se arriesga
el acierto o la luz de la palabra.

Cuando la voz cobra sentido,
baja al papel movida por tu mano,
busca su identidad en la escritura,
nada tiene remedio: es tuya
tan solo parcialmente.
                              Así tu carne,
ese invento que adquiere cada día
el brillo que confiere haber vivido
de mínimos detalles
imprevistos, de antiguas perversiones
apenas transitadas,
de insolencias a veces
nacidas al rescoldo
del crepúsculo.
                    Así tu carne,
flor extensa, sometida
al maleficio torpe de mis manos,
es tuya
tan solo parcialmente, en la medida exacta
que la caricia ordena,
ese empeño –teñido por la magia
del *cointreau*
y por la voz quebrada de Brassens–
de tantear tus curvas poco antes

de salir a la calle a sorprendernos
lejos de los divanes conocidos.

ENVÉS DE LOS DIVANES

En los divanes.
Duermen allí las huellas
de nuestra desnudez, los ecos
de la voz compartida
en el acoplamiento del amor.

Pero también allí duerme la historia
que de puertas adentro
se edificó en nosotros día a día
hasta elevarse
a rasgo distintivo, a fértil
devocionario, a símbolo
del adiós que nos cerca y nos traiciona,
como un viento sutil, en el desgaste
que los años definen
a pesar de nosotros.

TÉCNICA DE LA NOSTALGIA

Hubo un tiempo –flotábamos
en claridades engañosas,
en la tregua
del tacto sin gobierno–
en que el amor tenía
cuestas embriagadoras,
vaguadas de inconsciencia
y era el día y el brillo y la mañana
–aunque fuera la noche
su refugio– sinónimo
de encuentro de la piel y la palabra.
Ese tiempo –elevado en la tierra
que conforman paseos, tapias,
labios, esquinas, músicas,
olvidados encuentros de un instante–
a ti regresa cuando
en la mirada intuyes la noticia
de un paraíso roto.

SÍMBOLOS DEL TEDIO

Rutina o trámite, palabras
que revelan el uso
excesivo del tedio.
                    Alcobas
donde anida la triste ronda del desamor,
quizá la pasión desvaída
–como un manto de niebla, como un muro
lavado por la lluvia y por el tiempo–
de los besos gastados.
                    Nada brilla
en su seno,
nada establece el ritmo
de la caricia
en su ensenada turbia.

Rutina o trámite, palabras
que alimentan suicidios,
vasos donde fermentan
desolaciones, precipicio
donde el amor se agosta,
preludio indeseado
de todas las distancias.

AMOR EN AUTOMÓVIL

El coche detenido,
isla o cala o desierto,
como un vagón inútil
bajo el toldo de estrellas de la noche.
Tus muslos,
oh remanso de fiebre,
a su luz sometidos, a la sed
de la inexperta mano que descubre
la rebelión no esperada
de un amor desvelado en el tumulto
de las sombras.
                    Buscábamos
la soledad de las afueras
–carreteras desiertas,
antiguas estaciones, descampados,
dunas donde el prodigio del contacto
sembraba de parejas no visibles
la bruma, el territorio
de la provocación, la latitud
donde pasión y urgencia se convierten
en la trastienda
de la ropa interior investigada
con terquedad de amantes–.
                                        Buscábamos
la magia de lo oculto
para sentirnos dioses:
más libres e insolentes, inventores

de ese candil de largo aceite
que, a pesar de los años, todavía
nos alumbra y conforta.

Tercer cuaderno
Tres estados de conciencia

MONÓLOGO DEL ENTREACTO

I

No propongo
el desmantelamiento propio.
Tampoco la renuncia. Nunca
vendrá la salvación de tal entrega,
de tal vuelta de llave.

Sí te reto a cultivar palabras
con todo lo que vive, canta o sufre,
con todo cuanto escapa a la impericia
de la voz o del viento, de la música
que fue celebración y que aún perdura
en el viejo reducto
de tus mitos sagrados o en la balda
que ocupan los arcones
hace tiempo cerrados.

II

Porque uno conserva, a pesar del espejo
que revela desaires y derrotas,
cierta luz, cierta angustia,
no menos sagrados que los mitos:
conserva, sobre todo,
la pasión que no acaba
en la niebla que alberga el trago largo
de alcohol y largo de renuncias.

Porque no todo
nace y muere en sí mismo
o alza el vuelo y se estrella
en el íntimo espacio
del que te piensas único habitante
–por ello, incitador
de culpables silencios–.

III

Porque existe la noche y existen sus esquinas
apenas indagadas
más allá de la oferta
de minutos de amor a pago urgente.

Y existe la canción que se comparte, existen
las notas entonadas en feliz compañía, existe
la verdad que negaste
en un tiempo ilusorio.
Son
certezas que se tocan, fotogramas
que significan, manchas
que te aseguran
a este mundo de huecos y presencias y dudas.

IV

Porque uno mantiene,
sobre el poso del miedo y de la usura,
el ajeno destello,
la llama descubierta
en los libros robados,

la esperanza de vivir la conjura
de los sueños de pronto coincidentes
no solo con los ecos de un poeta
tal vez indiscutible,
sí con la estrella de los otros,
con el calor de los pronombres
no solo singulares.

No propongo, por tanto,
el desmantelamiento propio,
tampoco la renuncia
al poder ilusorio
que a veces nos acerca
a la talla del héroe o nos redime
y a veces nos condena
a la renuncia o al suicidio.

V

Desde el cuarto que acoge
mi soledad, desde la cueva
que me oculta del aire, te propongo
vivir en la intemperie,
vocear la pasión,
hacer de la escritura
tierra que te descubra
tu complicada condición: tumulto
de ciudades, de climas, de tabernas,
de canciones sombrías –en puertos o alamedas,
en domicilios conocidos
o en viejas estaciones terminales–

que te acompañan
en el peregrinar
por tus fantasmas, réplicas
del dolor o la lluvia compartida, espejos
–quizá deformes o borrosos–
de un rostro desolado y no del todo,
a tu pesar, desconocido.

VI

Así se vive, así te digo, amante olvidadiza,
que yo vivo.
No es que tenga mi hacienda en tal subasta
ni que el aire que ronda por tus ojos
carezca de atractivo, no es tampoco
un desaire a tu piel o a tu voz algo ajada
por charlas más profundas que la noche.

Es un vicio, ya sabes, que me obliga
–me alimento de extraños universos–,
que me tiene a tus pies investigando
en tu carne el origen que razona
la devoción que aplico al mundo
que en este dormitorio tú resumes.

RIESGOS DE SUMISIÓN

I

Bajo la trama de la sumisión.
En la tramoya
de los signos confusos, en la duda
que a veces nos asiste, duermen
los dioses que algún día
contigo compartieron
su egregia condición.
Son implacables
sus imágenes planas, sus cariados perfiles,
huellas que son espejo
de una lluvia sin método:
la que el tiempo desgrana, la que acecha
en tu alcoba y pervierte
aromas y colores, brillos, llamas,
signos que conociste
en la más alta cumbre
de la autenticidad.

Tras la ventana
la tarde extiende su dominio de niebla,
difumina contornos,
emborrona tu luz y se aposenta
en los cuerpos sin nombre que caminan
por una calle extraña.

II

Viejos dioses guardados en la cómoda
–Machado, seco el olmo como el tiempo,
Pavese y sus cenizas,
la ciencia carcelaria donde Gramsci
puso luz en el cieno, los alardes
del banjo de Pete Seeger,
la multitud en los espejos
deformes de Cortázar,
la verdad de Marcuse sobre los ojos
de un Berlín dividido que fue herencia,
la sombra de Buñuel, larga y oscura–,
pausas de la memoria y del alcohol
que esperan
el retorno improbable,
el hallazgo imprevisto, la sorpresa,
una feliz noticia, inexplicable
bajo la certidumbre
de la ruina que tiñe el horizonte.

Poetas elevados
al lugar de la luz que sacraliza,
lecturas cultivadas en el gozo
de un momento, retratos amarillos como páginas
del libro de los mitos
hallados en la infancia,
con los años han ido limitando
sus brillos, su aureola
de luz inaugural.

Viejos sueños de gloria: por ejemplo
una casa y un patio al mar cercanos
y muchos libros y ella y sus palabras.

III

O algo más: la marea
que elevó su caudal en unos años
de terca insumisión.

Con desesperación a veces,
con desasosiego siempre, asistes
a la muda que, agazapada, aplica
su menester siniestro: borra, cambia,
apaga o restituye
antiguos apogeos, esplendores,
roces furtivos, compañías fáciles
y extrañas.

IV

Junto a ti, en esta tarde
más propicia a la siesta que al asedio
del poema, recobras
escenas levantadas al resol
de una euforia perdida: un largo viaje
no a la Italia del emblema y del frío
de la piedra, sino al mundo
consciente de unos seres
crecidos en el viento que construyó la mano
o fermentó en el vino que a veces se comparte
junto a los sueños que dibujan

ciudades habitables, fotogramas
de un sur desposeído
–una Italia implacable,
algo más quebradiza
que la que nos concede
el sillar milenario o el azul de ensueño
de un mar arrebatado–.

V

Bajo la trama
de la sumisión se afila
la arista de lo incómodo,
se despliegan los dioses apagados
que aún nos hablan
de lo que fue certeza, te contemplan
unos ojos oscuros, unas hondas pupilas, sometidas
a la misma traición, de los que solo
tu memoria recobra
un impermeable gris, algún pitillo
urgente y la noticia
de una piel recorrida
con la prisa que anuncia el abandono,
con el apremio que preside
la voluntad cobarde de la huida.

LA HUELLA DE LOS AÑOS

Oh madurez cansada la que habita
en las cosas comunes, la que entrega
al labio las palabras conocidas,
tantas veces usadas, sin embargo.

Bebe en la luz y bebe en los objetos
que en la casa aún albergan viejos lances
de amor, insomnios, versos
de turbias pesadillas, testimonios
de sombras presentidas, quizá apuntes
escritos sobre folios de ceniza.

Oh madurez cansada, oficio terco
cuya trama tememos, cuya estela
nos deja sin defensa cuando vence
en la batalla de los días.

Fue ablandando las horas, extendiendo
su lenta alarma con los años,
dejando en la quietud
de los libros amados su desgaste,
su huella no visible,
la pátina imborrable, amarga,
de un gris escepticismo.
Vieja diosa
que adormece entusiasmos, que limita
noches ilimitadas, calma fiebres,
erosiona la voz que canta lo imposible.

Vieja diosa que esparce
su conjuro en el aire
que adoramos entonces:
                                        no es lo mismo
la luz de aquellos años
–finales del cincuenta– en que la infancia
era crepitación y sortilegio,
que el domingo del tedio,
de la bruma que aplana o del vacío
de un presente sin magia.

No es lo mismo tu luz provocadora,
ni el magnetismo de tus ojos,
ni la inocencia de tu piel de junio
ni el dorado de octubre de la Universitaria
–era el tiempo del lento adiós
de los tranvías, el principio
de un bello amanecer–
que la niebla de tus ojos cansados
por el paso del tiempo y de las letras,
que la frágil presencia de la carne
sometida al desgaste
de las horas vencidas por la edad.

Oh madurez cansada, oh gris costumbre
que a traición nos acoges
incluso en la quietud de nuestra casa.
Inevitable ensalmo, dudoso encantamiento,
que una tarde, de pronto y sin aviso,
nos sorprende y angustia.

Cuarto cuaderno

LUZ DE ESTÍO

Inasequibles
al desaliento, fiábamos la luz
a la fortuna.
Así, cada mañana,
llenábamos la alforja
de semillas de luz, de entusiasmos difíciles,
de antiguas frustraciones enquistadas
en la conquista
del verano.
                    Desde el mar nos llegaba
la lujuria. Tenía
la textura del juego inaccesible,
la dudosa virtud
de ser tan solo sueño,
poco más que el beso fugitivo
de una playa vivida entre los límites
marcados sin remedio
por la gris condición que nos ataba:
hijos del extrarradio y de sus luces,
menguada nuestra altura
por techados de sombra,
tan solo nos quedaba
claridad y entusiasmo, aquel remedio
de salir de mañana
con la bolsa repleta
de ficciones antiguas, fotogramas borrosos
de arenas ideales, de mares imposibles.

Lo fiábamos todo –hasta el verano–
al vuelo misterioso
que, escondido, vivía en nuestro cuarto,
que salía a la calle con nosotros.

Tal vez fuera el reverso
de nuestra historia,
el mantillo y el germen
que hicieron de nosotros,
quién sabe en qué medida,
de esa materia inútil que construye,
con culpa incierta, con palabras,
ese universo absurdo que llamamos poema.

ANÓNIMA MAREA

Ya rotas las esclusas de ese embalse antiquísimo
de temores y espectros,
derruidos los muros que tapiaban
la devoción inaugural, la lumbre
que encendía en tus ojos
la calle que soñaste junto a un río,
es el instante del acercamiento:
perder, es un ejemplo, las horas de la tarde
en observar el paso de esa joven
que, ajena a ti, concentra
la intensidad, que a veces nos traiciona,
de la vida.
                    Beber en el espacio
de la plaza de siempre,
la anónima marea que dibuja
un paisaje de sombras: viejos rostros
de la desolación, ojos cansados
por lluvias sin retorno, ríos
imaginados en la mirada
del mendigo que oculta
la soledad más agria –aquella
forjada en la intemperie
y en el alcohol, en la pereza
que duerme entre las ruinas–
o hacer tuya la savia o la impaciencia
de esa niña que salta, ajena a ti, y aviva
una luz olvidada en el granero

de tus viejos fantasmas.
Amar ese momento
que sorprendes de incógnito, ese instante
que jamás volverá, ese paseo
que por casualidad
acude a ti con su milagro,
con la contradictoria marejada
que marca los horarios, la luz y los vocablos
de unas gentes de paso,
escondidas en calles muy remotas.

LLUVIA Y MEMORIA

¿Por qué bajo esta lluvia de la tarde
–una lluvia indecisa, a rachas, llena
de temblores, de signos–,
te hace suyo el recuerdo
de esos actos tal vez no repetibles
que vivimos en el viejo extrarradio
donde duermen gabardinas raídas,
labios, trenes últimos?

Las tabernas. Esas cuevas
donde huele a cerveza, a corcho
humedecido, a cuerpos que se rinden
tienen algo de ti, de aquel muchacho
que el pánico escondía en sus maderas
gastadas.
                Las iglesias, oh refugio
del miedo y la amenaza, nunca
tierra donde el asombro, nunca
ladera para el pacto que la carne
exigía en la edad de los delitos.

Era un mundo cerrado, un predio
donde el azar hablaba, una pantalla
donde se dibujaban
prodigios que eran parte de la vida
como el corro infantil bajo la noche
de agosto, o la presencia

de unos hombres mordidos
por rebeldías que la historia
sembró en sus domicilios, como el miedo
que creció en la marea de sus ojos.

CHAQUETA DE PANA

Grândola, vila morena,
terra da fraternidade…
José Afonso

I

No raída. Si acaso
un brillo opaco en las coderas, restos
de una hierba inicial, tenues indicios
de tabaco de pipa, tal vez briznas
de un pétalo anterior, aquel que supo
a Portugal y a nube, a beso urgente,
quién sabe si a domingo, a tarde plana
y a papeles exhaustos, extendidos
en la pureza germinal
de un escritorio adolescente.

Abandonada.
                    Sometida,
en la quietud de sombra del armario,
a la pasión de la polilla, vieja prenda
por fin acostumbrada al territorio
que alimenta el olvido.

II

La hueles a traición, casi con culpa.
Como si un *voyeur*, tras la cortina,
pudiera sorprenderte
y trocar en vergüenza,

quizá en melancolía o antigualla,
tan simple tentación.
                                        La hueles. Tocas
el brillo frío de su forro ajado:
de pronto, a ti regresa
un extraño temor, nacen preguntas
en tu mente vencida,
tus ojos se acomodan al armario
absortos en la luz deshabitada
de la humilde chaqueta que hace tiempo
dejó de acompañarte.

III

Te asedian las preguntas. Te someten:
¿qué buscas?, ¿qué gozo o qué desaire,
qué traición o qué manos, qué perfume
o canción intentas retener mientras contemplas
su tono de melaza algo apagado
por tiempo y abandono?

¿Qué alimenta tu sed?
¿Qué geografía, qué beso entre la hierba
de los años tempranos,
qué perdida pasión entre sus hilos
te conduce o te acampa
en años entusiastas?

¿Qué gesto colectivo, qué mañana bebida
con cerveza, qué amenazada noche,
qué maraña de asombros y de hazañas
ilusorias?

IV

Todo un tiempo resume: aquel que crece
en el portón que derribamos
solo un poco. El que tuvo un clavel
en la solapa. El que compuso
un horizonte de imperfecto vuelo.

Oh símbolo del viento derrotado.
Oh chaqueta de pana sorprendida
entre ropa en desuso y viejos discos.

CASA DE CAMPO

Las mañanas de invierno,
esas mañanas frías,
sin llovizna ni niebla, cuando el aire
es pura transparencia y los objetos
muestran su forma y colorido
con la impudicia propia
del desnudo absoluto, extienden
por la Casa de Campo un anticipo
del tiempo posterior, una avalancha
de lo que el nuevo marzo
nos dejará en la mano cuando llegue.

Respiramos la luz. Hacemos propia
la duda que convive con la luz
en los ojos castaño de esa joven
que, con pausado ritmo, avanza
alrededor del lago y quizá busca
tu rostro entre los árboles.

Tal vez sea
el chándal amarillo,
o el salto leve y regular
de los senos ocultos e intuidos
–oh vaivén
de lo abundante, tenso e inmaduro
que su carne te ofrece–,
el hueco donde alienta

lo que te identifica con su duda.

Es la Casa de Campo
en la fría mañana de febrero.

DIRTY REALISM

Raymond Carver relata. Escribe cuentos.
No del brillo que alcanza
el oro bien cuidado
o acude a la esmeralda o a otras piezas
de excepcional valor.

Su voz se apoya
en lo que siempre tuvo
la marca de lo anónimo.
También de lo cercano:
el abismo y el vértigo –segura-
mente el vértigo más duro:
la soledad acompañada–
de unos seres normales:
ciudadanos vacíos que devoran
su angustia en la hamburguesa
frente a un televisor que muestra astillas
de un mundo amurallado
junto a una carretera solitaria
en Minnesotta: réplica en la distancia
de lo que no muy lejos de tu vida
cotidiana, a miles de kilómetros
de la tierra de Carver, tristemente sucede.

Raymond, el alcohólico
que nunca será anónimo,
relata. Escribe cuentos.

El desencanto
de un divorciado frente al *whisky*
que mata, o el oficio
de un viejo oficinista
–una misma desidia, un mismo tedio,
una idéntica angustia ante la noche
del colectivo anonimato–.
Rosas
mustias, fragancias olvidables, huecos
de luz confusa, calles sin salida
frecuentadas por seres
que solo se conocen por llevar en los ojos
noticias de un abismo.

Nacido en Oregón. En su paisaje
respira la grandeza de lo próximo.
No sin asombro comprobamos
la rara condición de americano
del poeta que huye de la vida
y escribe cuentos
a la vida.

Quinto cuaderno
Palabras para un noche de verano

En aquellos tiempos siempre era fiesta.
De *El bello verano*

Éramos muy jóvenes. Creo que durante aquel año no dormí nunca.
De *El diablo sobre las colinas*

Cesare Pavese

I

El verano y sus noches. Tu aposento.

En su bosque de sombras
la carne busca
la desnudez más fértil, el reencuentro
con el brillo del aire o con la luz,
busca en calles perdidas
el cálido refugio de los otros.

Alcoba hecha de fiebre
que guarda la semilla
de un inmenso domingo: el que florece
entre las ruinas de un abril perdido
y los muros de niebla
que nos anuncia octubre.

En su extensión
te cercan los oficios que reavivan
lumbres casi olvidadas, tierras
de promisión, cuando tan solo
eras el inquilino
de un país inocente, engendrado
en la edad inmadura.

Sobre tu piel se anuncian
tardes planas, calenturas, tebeos,
largas siestas en vela,

torpes masturbaciones
bajo la sábana
tejida en la soledad que te impusieron.

II

¿Quién no tuvo
en el aire de llama del verano
habitaciones obligadas,
forzosas horas para el sueño,
soledad, tedio y lectura,
mientras las calles se entregaban
al dominio de un sol más que implacable?

¿Quién no vivió sus noches
entre corros y juegos
hasta el umbral del alba
bajo la novedad de la intemperie?

¿Quién no soñó
un campo inmaterial, un océano
–y un cielo– azules, clamorosos,
en la espera sin fin
del mes más cruel:
no el abril del poeta
sino el junio de exámenes y adioses?

III

Oh verano interior que ahora renaces
en esta habitación y en esta noche
de un Madrid forastero por vacío.

Cómo abarcas
piezas de la memoria,
cómo alimentas la desidia
dejando en la ventana
luces y sombras –oh verano interior–,
fintas borrosas de un muchacho
desorientado y poseído
por la carga de magia de unos meses
viviendo al aire y lejos de la casa
que fue totalidad en el invierno.

IV

Tal vez esta pasión, acaso
esta adherencia a la memoria
de todos los veranos
lleve dentro de sí
imborrables siluetas, testimonios
de amores fugitivos
e historias sin relieve
cuyo valor reside sobre todo
en el temblor oculto del paisaje
–prendido desde entonces
al aire del estío para siempre–:
blancos pueblos de paso,
parques sin nadie en la calima,
playas de la quietud bajo el bochorno,
acequias, bosques, libros, lagartijas,
amigos de duración escasa, a veces
de unas horas tan solo y de un coñac
con hielo.
                Restos.
                                Briznas.
Hospitalarias huellas
de una melancolía que nos vence.

V

Todo empieza de nuevo.
Cenadores, terrazas y praderas
reciben la visita
de oscuras pieles de sabor salobre
y avivan la ciudad cuando oscurece.

Pero tú estás muy lejos: te sorprenden,
desde el fondo del tiempo,
arroyos de montaña, historias conocidas
junto a la hoguera
de los quince años,
viejos puentes de piedra contemplados
en tardes memorables,
murallas de otros siglos, descubiertas
en el lugar del arte, en el esfuerzo
de la literatura.

Lo recuerdas:
también con el verano
tu intimidad oculta tras la sombra
de la inconsciencia que fue la pubertad.

VI

Bajo el verano nos fueron revelados
la luz sentimental y la perfidia
del tango y del bolero y aprendimos
del arte de alargar la madrugada,
del labio que provoca sin saberlo,
del maquillaje sabio de las putas
que escondían las lágrimas
en la farra nocturna:
teatro imprescindible o escondrijo,
lugar de salvación.

Bajo el verano, un tiempo
late hasta dibujar
un viejo oficio: el del retorno
imposible, alerta en el recuerdo
de un cine al aire libre, detenido
–pasaban un Bardem en blanco y negro–
en un pueblo del sur,
cerca del mar y de la luz, muy cerca
de cuanto vive lejos de este cuarto
en el que das a las palabras
la condición dudosa de poema.
Trabajo misterioso al que te entregas
con julio y su bochorno y sus tormentas
apenas iniciados
en esta noche calma.

Cuaderno final
Otra materia

Lo que es exactitud. Lo que perdura
entre el fárrago eterno de las horas,
lo que queda, en su brillo, en la mirada
en declive del hombre.
Su sonido
ya nunca intercambiable,
grabado en la palabra
con dolor construida, tal vez única
en su significado.
La mañana
o la tierra. Los ecos
de lo que no retorna, los ojos de otros ojos,
evocados con el temblor
de quien inventa
la nueva realidad, lo que es tangible
ya solo en el papel por tinta herido,
al fin otra materia, trascendida
de la efímera hazaña del objeto
que observas a la luz de la mañana
con mirada común.
El viejo robo
de oficiantes sin nombre permanece
con intacto sentido, con idéntico azogue,
desde tiempos remotos. El mismo
esfuerzo siempre, el mismo empeño
que constituye el acto que eterniza
el segundo que muere entre tus dedos.

II

Y la memoria. El vino
donde la vida encuentra
pruebas de lo que muere,
briznas de la distancia
que hace de nuestros actos
oficio en despedida, zanja
donde la noche se hace omnipresencia.
Así también sorprende la palabra
la luz que recupera
de lo no perdurable, de lo ajado,
el súbito destello, la conjura
que atenúa el desastre
que el tiempo nos concede
trocando en vida intensa fotogramas
de todo lo que huye.

De nada sirven los relojes
cuando la vida encuentra
la contención del arte,
cuando las letras alzan
la dimensión de lo que anduvo
condicionando el gesto en otros años.

Juega con la memoria.
Tal vez inmortalice su oleaje.

III

El reverso del aire. El fulgor sometido
al vaivén que lo enmarca
o aclara. No es el verso
o el arte oficio oculto. Vive y nace y mantiene
su poder y su aroma
si sorprende la llama
en su fugacidad y la eterniza.

Quién podría, decidme,
arrancar de la vida y de su estela,
del caz contradictorio de unos hombres concretos
en un aire concreto
el acierto o la queja?
                                        El poema tan solo.
Esa luz donde el arte
de la luz se apodera.

IV

Escrita, nocturnidades al margen,
en los algo prosaicos –y medibles–
impulsos materiales.

Así desde el principio
de los siglos –si es que hubo
principio vez alguna–,
la pasión que transforma
lo visible tal vez en advertencia,
en percepción o música, en baranda
de contemplar el mundo en su reverso.

Por ello es el poema
la secreta ventana
que hará nuevo, inmortal, no destructible,
lo que solo sería en otro caso
mortal alarde o gesto condenado.

V

Hay visiones que tienen
huecos inaccesibles,
esperas y recodos
ocultos, pliegues intuidos
de paso, rayas, sombras,
maleficios, ecos
de otras horas.

Es oficio del lápiz y su asedio
sorprender sus hogueras clandestinas,
su ansiedad o su noche amenazada.
Venga del hombre o venga
del vacío o la piedra la amenaza.

VI

Lo que huye. Lo que ya no prescribe
a pesar de la huida. Lo atrapado.
La mesa o el jarrón, el labio o el diente,
la cabeza de ajo,
los ojos del terror y la amorosa
entrega de otros ojos. La ceja
enarcada de pronto, sorprendido gesto que remata
la duda indefinida.
La mano que te toca. También la que te palpa
las ropas interiores. La lluvia.
Los abrigos sombríos de la duda y del miedo.
Ese tren que atraviesa
la noche indiferente, tantas noches
también indiferentes.
                                        El poema.
El arte.

NOTA BIOBIBLIOGRÁFICA

Manuel Rico (Madrid, 1952) es licenciado en Periodismo. Es poeta, narrador y crítico literario. Ejerce la crítica de poesía en el suplemento Babelia, del diario *El País*. Es autor, entre otros, de los libros de poemas *La densidad de los espejos* (1997 y 2017, Premio Juan Ramón Jiménez), *Donde nunca hubo ángeles* (2003), *Fugitiva ciudad* (2012, Premio Internacional Miguel Hernández), *Los días extraños* (2015) y *Cuaderno de historia* (2021). *La mujer muerta* (2000 y 2011), *Verano* (2008) y *Un extraño viajero* (2015) son algunas de sus novelas. Ha publicado los libros de viajes *Por la sierra del agua* (2006) y *Letras viajeras* (2015), la antología poética *Tiempo salvado del tiempo* (2020), las evocaciones *El raro vicio de escribir la vida* (2021), sus *Diarios completos* (2022) y el libro de ensayos *La ficción y la vida* (2024). Preside la Asociación Colegial de Escritores de España desde 2015.

ÍNDICE

En esta edición se empleó papel registro ahuesado en tamaño 65 × 90 de 125 g m² y cartulina Freelife Merida de 280 g m². Se utilizó el tipo Bodoni en los cuerpos 7, 8, 9, 10, 11, 12, 13, 18 y 24. Color Pantone 3275 U.

Quebrada luz
y
El muro transparente
Manuel Rico
Olifante. Ediciones de Poesía

Este volumen se imprimió
en los Talleres Editoriales Cometa de Zaragoza,
cuidando del proceso técnico Albertina Lisbona,
y fue encuadernado por Encuadernaciones Raga, S.A.
El libro quedó terminado el 31 de julio de 2024.

LIBROS PUBLICADOS EN ESTA COLECCIÓN

LUIS CERNUDA, *Cartas a Eugénio de Andrade*
JORGE MANRIQUE, *Coplas de amor y de muerte*
LUIS ANTONIO DE VILLENA, *Un paganismo nuevo*
ÁNGEL CRESPO, *El aire es de los dioses*
ROSENDO TELLO AÍNA, *Meditaciones de medianoche*
FRANCIS VIELÉ-GRIFFIN, *La partenza*
ÁNGEL GUINDA, *Vida Ávida*
DINO CAMPANA, *Cantos órficos*
ÁNGEL PETISME, *Cosmética y terror*
POESÍA ITALIANA DE HOY (1974-1984), *La narración del desengaño*
JACOBO FIJMAN, *Poemas*
ANTÓNIO OSÓRIO, *Antología poética*
CARLOS VITALE, *Noción de realidad*
JOVEN POESÍA ARAGONESA (1987), *Los placeres permitidos*
POESÍA MOZAMBICANA DEL SIGLO XX, *Poesía en acción*
LEOPOLDO ALAS, *Los palcos*
PIETRO CIVITAREALE, *Alegorías de la memoria*
MARINA PINO, *Dejemos que Venecia se hunda*
JORGE DE SENA, *Sobre esta playa*
JULIO ANTONIO GÓMEZ, *El corazón desbordado (Epistolario)*
MIGUEL ANXO FERNÁN-VELLO, *La raíz poseída*
LÊDO IVO, *La moneda perdida*
MANUEL VILAS, *El rumor de las llamas*
CECCO ANGIOLIERI, *Cancionero*
W. B. YEATS, *La torre y el unicornio*
ÁNGEL GUINDA, *Claustro*
RAFAEL INGLADA, *Vidas ajenas*
JEAN-PIERRE COLOMBI, *Lecciones y alegorías*
JOSÉ VIALE MOUTINHO, *Un caballo en la niebla*
CHARLES CROS, *40 poemas*
JUAN ABELEIRA, *Umbral del centinela* y *La piel iluminada*
LUIS FERNÁNDEZ ORDÓÑEZ, *Pájaros de invierno*
VERGÍLIO ALBERTO VIEIRA, *Piedra de trance*
MAGDALENA LASALA, *Seré leve y parecerá que no te amo*
JOSÉ LUIS RODRÍGUEZ GARCÍA, *En la noche más transparente*
CLARA JANÉS, *Ver el fuego*
MIGUEL LABORDETA, *Abisal cáncer*
GABRIEL SOPEÑA, *La Noche del Becerro*
ÁNGEL GUINDA, *Conocimiento del medio*
MANUEL ESTEVAN, *El que cuenta las sílabas*

ÁNGEL ESCOBAR, *Cuando salí de La Habana*
NANCY MOREJÓN, *Botella al mar*
XULIO LÓPEZ VALCÁRCEL, *El volumen de la ausencia*
FERNANDO SANMARTÍN, *Los ojos del domador*
ROBERT BURNS, *Caledonia y otros poemas*
OSÍAS STUTMAN, *Los fragmentos personales*
SERGIO ALGORA, *Paulus e Irene*
TERESA AGUSTÍN, *La tela que tiembla*
MARIANO ESQUILLOR, *Arco lírico*
ILDEFONSO-MANUEL GIL, *Por no decir adiós*
JOSÉ MANUEL GUTIÉRREZ, *El color del aire*
JOAQUÍN SÁNCHEZ VALLÉS, *Preludio y fado*
JESÚS JIMÉNEZ DOMÍNGUEZ, *Diario de la anemia – Fermentaciones*
ÍÑIGO GARCÍA URETA, *Dirección de la derrota*
TEIXEIRA DE PASCOAES, *Señora de la noche*
ANDRÉ PIEYRE DE MANDIARGUES, *Gris perla*
JOSÉ AGOSTINHO BAPTISTA, *Ahora y en la hora de nuestra muerte*
ANDRÉS UNGER, *Visiones*
DAVID ROXÁ, *Como quien pide permiso para la soberbia*
ÀLEX SUSANNA, *Inútil Poesía*
ÁNGEL GUINDA, *Toda la luz del mundo*
FLORBELA ESPANCA, *Las espinas de la rosa*
ANTÓNIO RAMOS ROSA, *Acordes*
ALFREDO SALDAÑA, *Palabras que hablan de la muerte del pensamiento*
JOSÉ MANUEL CAPÊLO, *¿Y si no existieses?*
XOSÉ MARÍA ÁLVAREZ CÁCCAMO, *Habitación del mar*
PABLO NERUDA, *Canto corporal*
ÁNGEL GUINDA, *Toda la luz del mundo (Edición plurilingüe)*
CERVANTES, *Poesía*
MANU CÁNCER, *Poesía completa*
ELENA PALLARÉS, *Ella guarda secretos*
ANTÓNIO OSÓRIO, *El lugar del amor*
ANA CRISTINA CESAR, *Forma sin norma*
BELÉN REYES, *Atrévete a olvidarme*
MANUEL VILAS, *Los chicos están bien. Poesía última*
JOSÉ LUIS ALEGRE CUDÓS, *Poemas*
ENRIQUE VILLAGRASA, *Línea de luz*
RICARDO DÍEZ PELLEJERO, *El cielo del sol mecido*
ÁNGEL GUINDA, *Claro interior*
VV.AA., *20 Poetas Aragoneses Expuestos*
BEGOÑA ABAD, *La medida de mi madre*
MANUEL M. FOREGA, *Ademenos*
ÁNGEL SOBREVIELA, *Roma*

ÁNGEL GUINDA, *Toda la luz del mundo (Edición europea)*
OCTAVIO GÓMEZ MILIÁN, *Nada mejor para esta noche*
BEATRIZ GIMENO, *La luz que más me llama*
MARGA CLARK, *Amnios*
NURIA RUIZ DE VIÑASPRE, *El pez místico*
CASIMIRO DE BRITO, *En la vía del maestro*
JOSÉ ANTONIO CONDE, *El ángulo y la llaga*
JOHN KEATS, *Antología poética (Odas, Sonetos, Otros Poemas, La Víspera de Santa Inés)*
VV.AA., *Avanti (Poetas españoles de entresiglos XX-XXI)*
DOLAN MOR, *El idiota entre las hierbas*
DAVID ACEITUNO, *Sylvia & Ted*
MIGUEL ÁNGEL ORTIZ ALBERO, *Troupe*
JÜRI TALVET, *Del sueño, de la nieve (Antología 2001-2010)*
JOSÉ ANTONIO LABORDETA, *Mar de amor. Canciones*
ÁNGELA SERNA, *Pasos. El sueño de la piedra*
VV.AA., *Yin: Poetas aragonesas, 1960-2010*
ANTÓN CASTRO, *El paseo en bicicleta*
VV.AA., *La pared de agua. Antología de poesía bengalí contemporánea*
MOHSEN EMADI, *Las leyes de la gravedad*
CARMEN RUIZ FLETA, *Polaroid (Todos parecemos más fuertes en las fotografías)*
ROSANA ACQUARONI, *Discordia de los dóciles*
Mª ÁNGELES PÉREZ LÓPEZ, *Atavío y puñal*
FERNANDO AÍNSA, *Poder del buitre sobre sus lentas alas*
JOSÉ VERÓN GORMAZ, *Ritual del visitante*
PILAR PERIS, *Fisuras*
ALBERTO DE LACERDA, *El encantamiento (Antología poética)*
ÁNGEL GUINDA, *Rigor vitae*
ANAÍS PÉREZ LAYED, *El fuego de las sombras*
JORGE RIECHMANN, *fracasar mejor (fragmentos, interrogantes, notas, protopoemas y reflexiones)*
RAÚL CAMPOY GUILLÉN, *Etanol Mortis*
JOSÉ INFANTE, *La libertad del desengaño*
ANTÓN CASTRO, *Seducción*
LUISA MIÑANA, *Ciudades inteligentes*
ÁNGEL PETISME, *El lujo de la tristeza*
IÑIGO LINAJE, *Nunca más adiós. Ensayo para una resurrección*
ÁNGEL GUINDA, *Catedral de la Noche*
DAVID ACEITUNO, *Hogar*
NORMA SEGADES-MANIAS, *Albedrío de uróboros*
ANA LUÍSA AMARAL, *Oscuro*
MARTA DOMÍNGUEZ ALONSO, *Una hoguera en los párpados*
JAVIER RAMÓN JARNE, *La lentitud del frío*

XAVIER SEOANE, *Espiral de sombras*
ANTÓNIO OSÓRIO, *La ignorancia de la muerte*
VV.AA., *Amantes (88 poetas aragoneses)*
LUIS TAMARIT, *Metástasis I*
SHOLEH WOLPÉ, *Cómo escribir una canción de amor*
ALBERTO DE LACERDA, *Elegías de Londres*
MANUEL M. FOREGA, *Luz, más luz*
LUIS TAMARIT, *Metástasis II*
IRENE VALLEJO e INÉS RAMÓN, *La mañana descalza*
ÁNGEL GUINDA y JOSEMA CARRASCO, *Espectral. Cómic*
ELENA PALLARÉS, *Mala estrella*
CARMEN ALIAGA, *Madeleine y las otras*
MARIANO CASTRO, *El ojo y la ceniza*
JORGE MARTÍNEZ, *General Invierno*
CRISTINA GRISOLÍA, *Levedad en la piedra*
VV.AA., *Arquimesa. Poesía en aragonés escrita por mujeres*
ANTÓN CASTRO, *Vino del mar*
JOSEMA CARRASCO, *La felicidad, cariño, es para malgastarla*
JOSÉ MALVÍS, *[20 Vatios Azul Pálido]*
OLGA NOVO, *Felizidad*
ANTONIO PÉREZ MORTE, *Libre de nada, atado a la palabra*
ANTÓN CASTRO, *El cazador de ángeles*
NACHO ESCUÍN, *Nadar hasta la orilla*
JOSÉ ANTONIO SANTANO, *Madre lluvia*
ESTELA PUYUELO, *Ahora que fuimos náufragos*
JORGE MARTÍNEZ, *Tanto por destruir*
ANA MUÑOZ, *Madriguera*
JESÚS RUBIO JIMÉNEZ, *Lugares del corazón*
TERESA RAMÓN JARNE, *Amar mata*
TERE IRASTORTZA GARMENDIA, *Llenabais el mundo*
MARÍA JOSÉ SÁENZ, *Afuera hay sol*
LÉON DEUBEL, *La canción balbuciente (1899)*
ANTONIO SAGREDO, *Cantos del Moncayo*
MARÍA PAZ GUERRERO, *Ranura. Antología poética (2018-2022)*
MARÍA CODURAS BRUNA, *Enajenación transitoria*
BELÉN MATEOS, *Sabor a tránsito. Regreso al poema*
LUIS TAMARIT, *Metástasis III*
GOYA GUTIÉRREZ, *Pozo pródigo*
CARMEN BERASATEGUI, *Cosas asombrosas ocurrirán hoy*
ALEJANDRO VALERO, *Oscuridades*
ALFREDO SALDAÑA, *La acción es el frío*
CELIA CARRASCO GIL, *Rupestre*
GERARDO MARKULETA, *Leer la vida*

TERE IRASTORTZA, *Son nueve, los pájaros*
PEDRO BOSQUED, *Polonio*
ÁNGEL GUINDA, *Poemas útiles de un poeta inútil*
ESTELA PUYUELO, *Déjà vu*
ABDUL HADI SADOUN, *Escribir con* eñe. *Otros poetas en español*
TRINIDAD LUCEA, *Caperucita rota*
INMA BENÍTEZ, *Planeta piel*
ANABEL CORCÍN, *Fondo de armario. Inventario incompleto*
MIGUEL ÁNGEL VÁZQUEZ, *Más allá del bien y del mar (caniculares)*
FRANCISCO ÁLVAREZ KOKI, *Hijos de la luz y de la ira*
JOSÉ LUIS ESTEBAN, *Palabras que no he gastado*
RICARDO DÍEZ PELLEJERO, *El silencio del colibrí*
VV.AA., *Trobada retorno*
EDUARDO MOGA, *Poemas enumerativos*
FERNANDO SARRÍA, *La lluvia azul*
ANTONIO MÉNDEZ RUBIO, *CLIC seguido de* excepto
MAGDALENA LASALA, *El amor, la vida y tú*
JOSÉ LUIS GRACIA MOSTEO, *Campos de Aragón*
JOSÉ MANUEL LUCÍA MEGÍAS, *Trento (o el triunfo de la espera)*
CARMEN ALIAGA, *Jaula de grillos*
JORGE MARTÍNEZ, *El perfume blanco de los días*
JORGE DOT, *Los prodigios del amor (Amar es no morir en lo que vive)*
SAMUEL TRIGUEROS, *Ouroboros*
VV.AA., *Antología poética aragonesa - húngara*
ANTÓN CASTRO, *En el centro del jardín*
ALFONSO ARMADA, *TSC. Diario de la noche*
MANUEL RICO, *Quebrada luz / El muro transparente*